nicolas le bec

Marie Girgis

50 recettes illustrées
pour soutenir l'association docteur CLOWN

ÉDITIONS STÉPHANE BACHÈS

MIREILLE IMBAUD
Cofondatrice et Présidente de l'Association docteur Clown

Tendres bises à Colette
Marie Girgis

*« Le sourire d'un enfant
prend toutes les couleurs du bonheur
et se déguste comme une gourmandise. »*

*Merci Marie Girgis, merci Nicolas le Bec,
merci d'avoir réuni vos talents "cuisine et peinture"
pour soutenir notre action et offrir de nouvelles rencontres
entre les clowns et les enfants hospitalisés.*

MIMIE MATHY
comédienne,
marraine de l'association docteur Clown

&

BERNARD LACOMBE
ancien footballeur, attaché à la direction de l'Olympique Lyonnais
parrain de l'association docteur Clown

*“Nous sommes allés de nombreuses fois à la rencontre d'enfants hospitalisés.
C'est à chaque fois un moment difficile mais très intense ;
une rencontre privilégiée et inoubliable.
Le travail que fait l'association docteur Clown est formidable.
Le rire est une thérapie extraordinaire et les clowns de l'association,
particulièrement compétents, parviennent toujours à faire revenir le sourire
au milieu de la souffrance.
Nous nous devons de faire un maximum pour les aider,
et être parrains de l'association, est pour nous, un véritable honneur.”*

Restaurant Nicolas le Bec 14 rue Grolée 69002 Lyon 04 78 42 15 00 restaurant@nicolaslebec.com - www.nicolaslebec.com

MARIE GIRGIS

peintre, vit et travaille à Lyon

Sa cuisine à elle, encombre son atelier...
Aux saveurs emprisonnées dans les livres ou exhumées des souvenirs orientaux de son père, Marie préfère les odeurs de "sa" peinture.
Parfums d'une femme amoureuse de la cuisine des autres, des chefs mythiques, des hommes qui la font rêver ou l'ont fait rêver.
Comment accommoder une toile ? Quels ingrédients pour quelle alchimie ?
Quelles couleurs pour quelles saveurs ?
Cette jolie maman de deux enfants, Sibylle et Gabin, à qui elle dédie ce travail, ose déclarer à sa manière : "Cuisiniers, je vous aime !" *(Françoise Petit, février 2003)*

&

NICOLAS LE BEC

chef cuisinier étoilé
Restaurant Nicolas le Bec - 14 rue Grolée 69002 Lyon

"Ne lui parlez pas de cuisine de saison mais de saveur du jour".

Le diable est blond et a le caractère bien trempé d'un breton.
Il présente une gueule d'ange yeux clairs et teint de lait, mais n'a de cesse de vous faire succomber à la tentation.
Le diable s'appelle Nicolas le Bec et le manuel du petit exorciste, même dans sa traduction la plus récente, ne sera d'aucun secours à tous ceux qui ont pris la bonne résolution de se détourner des plaisirs de la chair.
Au fil des ans, ce toqué-là s'est entêté dans sa quête :
"J'essaie de me rapprocher des produits pour en rehausser le goût et exciter les papilles".
Dans l'assiette, des merveilles de simplicité. Des recettes très élaborées pour orchestrer les symphonies d'arômes parfaitement maîtrisés.
Côté saveurs, on avance avec Nicolas le Bec, dans l'épure, la puissance et le raffinement conjugués. *(Anne Joly, juillet 2006)*

CET OUVRAGE N'AURAIT PU VOIR LE JOUR
SANS LE SOUTIEN DE PERSONNES ATTACHÉES
À CERTAINES VALEURS

L'ASSOCIATION DOCTEUR CLOWN
ET SA PRÉSIDENTE MIREILLE IMBAUD
LA MARRAINE DE L'ASSOCIATION MIMIE MATHY
LA PEINTRE MARIE GIRGIS
LE PARRAIN DE L'ASSOCIATION BERNARD LACOMBE
LE CHEF NICOLAS LE BEC
ET LES ÉDITIONS STÉPHANE BACHÈS
REMERCIENT TOUTES LES PERSONNES
QUI SOUTIENNENT DE PRÈS OU DE LOIN
LE REMARQUABLE TRAVAIL RÉALISÉ PAR LES CLOWNS
EN SITES HOSPITALIERS • MERCI

PARTENAIRES
PAR ORDRE ALPHABÉTIQUE

AMIRAULT Y&N, BAIL DISTRIBUTION, DOMAINE BERNARDIN, BOULANGERIE BETTANT, BGL, DOMAINE HENRI BOURGEOIS, CHARTREUSE, CHÂTEAU CONSTENTIN CHEVALIER, DOMAINE DE LA CITADELLE, LA COMPAGNIE ALIMENTAIRE, COMPTOIR DE LA BOURSE, COREST, SA LE CORSAIRE, PAUL COULON & FILS, FRANÇOIS D'ALLAINES, RENÉ DAUVISSAT, MARCEL DEISS, DOMAINE FRAISSE, JACQUES GENIN, DOMAINE JEAN-MICHEL GERIN, GLACES PÔLE SUD, DOMAINE BERNARD GRIPA, HAUTE-SAVOIE VIANDES, DOMAINE DE JANASSE, KAVIARI, PIERRE LE GOFF, CAFÉ MALONGO, MASSE, SARL MERLIN, METRO, ALAIN MILLIAT, MONS. H, LE MOULIN DU CALANQUET, DOMAINE OTT, DOMAINE AGNÈS & SÉBASTIEN PAQUET, PERACHE SA, PICOLAIT, DOMAINE PINSON, DOMAINE REDDE, FROMAGERIE RENÉE RICHARD, GILLES ROBIN, JEAN-BAPTISTE SENAT, CHARCUTERIE SIBILIA, SOCIÉTÉ SOLYNET, SOCIÉTÉ SPUR, CHAMPAGNES TAITTINGER, DOMAINE TRAPET, DOMAINE DE TUNNEL, VALHRONA, VANIKOFF, GEORGES VERNAY, LES VINS DE VIENNE

LE **GROUPE SAPPI** POUR LA FOURNITURE DU PAPIER TRIPLE STAR SATIN 170G

DISTRIBUÉ PAR LES **PAPETERIES DE FRANCE**

LA SOCIÉTÉ **GRAPHISTAR** POUR LA PHOTOGRAVURE

L'**IMPRIMERIE DELTA** POUR SON ENGAGEMENT

RANDO DIFFUSION POUR LA DIFFUSION DE L'OUVRAGE

Biscuits aux Amandes Kiwi en Pectine et Jus d'Orange Sanguine

Pour 4 Personnes

Prendre 4 Kiwis mûrs, les éplucher et les mixer en coulis. Faire chauffer doucement sous le feu. Ajouter dans la casserole 1 cuillère à soupe de pectine de pomme pour la liaison et mettre à refroidir. Entre deux biscuits de macaron ajouter cette purée de fruits. Servir avec un sirop de Miel et Orange sanguine, Vanille en gousse. Mettre ce sirop à réduire sur le feu, jusqu'à réduction sirupeuse. Servir l'ensemble avec un sorbet Mangue et vous aurez un dessert d'hiver frais et génial.

Nicolas Le Bec cuisinier

Les Saint-Jacques cuites sous leurs coquilles
Beurre de Truffe Noire

Pour 4 personnes

Prendre 4 coquilles Saint-Jacques, les ouvrir avec un couteau en laissant attachée la noix dedans. Dans un petit bol, mélanger 100 gr de beurre pommade, 60 gr de Truffe noire, une cuillère à soupe d'encre de seiche et saler. Etaler le beurre noir entre deux feuilles de papier sulfurisé et mettre au congélateur. Dans une poêle antiadhésive chaude, griller les noix de Saint-Jacques en les disposant à l'envers. Cuire à feu moyen pendant 3 minutes. Disposer un morceau de beurre noir sur la noix chaude et déguster avec de la fleur de sel et des pousses de salade vinaigrette.

Nicolas Le Bec cuisinier

Saint-Jacques cuites au Four

Prévoir 2 belles coquilles Saint-Jacques par personne. A l'aide d'un couteau fort, les ouvrir sans séparer les deux coquilles. Retirer la noix de chair, éliminer la membrane et le corail. Laver et éponger les noix de Saint-Jacques. Les poivrer au moulin, puis les remettre dans les coquilles et refermer celles-ci avec un lien de raphia. Les ranger sur la tôle du four et les faire cuire à 200°C (thermostat 6) pendant 8 minutes. Servir les coquilles ouvertes en arrosant les noix avec un filet de jus de truffe, de beurre fondu ou d'huile d'olive, pour savourer le goût unique de la noix de Saint-Jacques cuite au naturel.

Nicolas Le Bec cuisinier

Œuf Coque sous la Cendre

Après une bonne flambée de bois, poser sous la cendre encore chaude quelques œufs de poule de ferme. Les laisser cuire pendant environ 15 minutes. Servir les œufs coque avec de la fleur de sel et du poivre du moulin. Tailler des tranches de pain en bâtonnets pour en faire des mouillettes.

Nicolas Le Bec cuisinier

Homard Breton dans une Cocotte

Faire chauffer une cocotte vide sur le feu, sans eau ni matière grasse. Quand elle est très chaude, poser dedans un homard vivant sur le dos. Couvrir et réduire le feu. Retourner le homard deux ou trois fois jusqu'à ce qu'il soit bien rouge, sans laisser brûler. La cuisson est de 6 minutes pour un homard de 600 gr et de 15 minutes pour un homard de 1 kg. Servir sans aucun accompagnement. Ainsi cuit dans son jus en toute simplicité, le homard "brut" révélera toutes ses saveurs et le moelleux de sa texture.

Nicolas Le Bec cuisinier

Asperges de Provence cuites "minute" Jus de Thé vert Maccha et Coquillages

Pour 4 personnes

Prendre de fines asperges vertes, environ 6/8 par personne selon la taille. Les éplucher à l'aide d'un économe en cassant les bouts qui resteront toujours fermes, même après la cuisson. Cuire les asperges 5 minutes dans une casserole d'eau bouillante salée au sel de mer. Les égoutter délicatement et les rafraîchir dans une bassine d'eau froide (ceci permet de garder leur belle couleur verte). Réunir les coquillages dans une casserole et les ouvrir 5 minutes à feu doux. Garder au chaud. Dans une autre casserole, cuire 10 minutes à feu doux en remuant : 2 dl d'eau, 1/2 bouillon cube de volaille, une cuillère à soupe de thé Maccha, 1 dl d'huile de noisette, 1 dl de vinaigre de vin, 30 gr de beurre. Saler, poivrer et mixer tous les ingrédients pour obtenir une sauce homogène. Napper les asperges avec cette sauce et servir avec les coquillages chauds.

Vin conseillé : Muscat Grand Cru 2004, Domaine F. Mochel. Ce vin est à votre disposition au restaurant.

Nicolas Le Bec cuisinier

Les Grosses Fraises et Kumquats Confits en Sablé Beurre

Pour 4 personnes

Prendre 8 grosses fraises au Marché ou de votre Jardin (ne pas les mettre au réfrigérateur). Tailler la queue et les saupoudrer de sucre légèrement pour qu'elles se gorgent de sucre. Etaler une pâte sablée que vous aurez préparée quelques heures avant, avec 250 gr de farine, 180 gr de beurre pommade, 180 gr de sucre glace, 1 œuf et 1 pincée de sel fin, ainsi qu'une cuillère à café de cannelle en poudre. Tailler des rectangles dans cette pâte fine, puis 2 cercles à l'intérieur de chaque rectangle. La cuire au four à 175°C pendant 12 minutes. Servir avec une marmelade de kumquats que vous pouvez faire avant et conserver au frais pendant quelques semaines. Pour la marmelade de kumquats : ébouillanter 500 gr de kumquats, préparer un sirop avec 1 litre d'eau et 600 gr de sucre, faire cuire les kumquats dans ce sirop à feux doux pendant 4 heures, puis mixer. Garnir les cercles de pâte sablée avec la marmelade. Placer les fraises dessus et servir avec un sorbet agrumes ou glace au lait de gingembre.

Vin conseillé : Vin de Pays de Gascogne 2003, Domaine du Tariquet, Cuvée Première Grives. Ce vin est à votre disposition au restaurant.

Un Goût d'Ail

Beaucoup plus digeste que l'ail parvenu à maturité, l'ail nouveau est à la fois plus doux et plus agréable au goût. On utilise aussi bien son bulbe que sa tige verte, excellente, ciselée comme de la ciboule. Il fait un mariage particulièrement heureux avec les œufs, en omelette ou à la coque. Casser un œuf dans un ramequin, ajouter une cuillerée à soupe de crème épaisse et un peu d'ail nouveau, puis faire cuire au four au bain-marie : un délice... Les gousses d'ail nouveau taillées en fines lamelles sont parfaites pour accompagner une viande blanche rôtie dans un jus court et concentré. Un remède idéal pour les lendemains de fête : quelques gousses émincées dans du bouillon de poule avec un peu de vermicelles.

Nicolas Le Bec

Les Anchois Cuits au Sel

Sélectionner une vingtaine d'anchois frais. Couper la tête en la pinçant du bout des doigts et en tirant vers le ventre pour retirer en même temps les boyaux du poisson. Il y a ensuite deux possibilités :

Première technique :

les gratter et les nettoyer, puis les disposer entiers dans une petite terrine sur un lit de gros sel nature ou avec un mélange d'épices (baies de genièvre, grains de poivre mélangés, coriandre, etc.) ou alors avec une tranche de lard fumée très fine accompagnée d'une feuille de laurier et d'une brindille de thym. Monter en couches successives le sel et les anchois jusqu'à épuisement des ingrédients. Presser cette terrine et mettre dans le réfrigérateur pendant un mois sans y toucher, mais en prenant soin de vider la première eau rendue par les poissons.

Seconde technique :

procéder de la même façon en ne prenant que les filets d'anchois. Si l'on conserve au sel le poisson entier, le goût de l'anchois sera plus fort. Les italiens pratiquent souvent de cette façon.

Après un mois de salage, vous pouvez utiliser au fur et à mesure les anchois en prenant la précaution de les rincer à l'eau claire. Ces anchois seront succulents sur une pissaladière, dans une salade de tomates mûres, avec du beurre cru, sur une tartine de pain grillé à l'huile d'olive.

Nicolas Le Bec cuisinier

L'Agneau à la Ficelle
Bouillon Parfumé

Pour 4 personnes

Demander à votre boucher 500 gr d'os d'agneau, pour votre bouillon. Réunir dans une casserole haute les os, 2 carottes, 1 oignon, 3 navets, 2 courgettes, 4 tomates, un mélange d'épices à couscous, grains de cumin, graines de coriandre et un bâton de cannelle. Ajouter de l'eau à hauteur et cuire pendant 3 heures à feu doux. Plonger 50 gr de raisins secs blonds dans 1/4 de litre de bouillon. Saisir 5 minutes un filet d'agneau, à la poêle. Saler et poivrer. Filtrer le bouillon d'agneau et le réduire de 2 tiers pour concentrer les arômes. Au moment de servir, découper la viande, les carottes et les navets en lamelles. Servir l'ensemble dans des assiettes creuses, napper de bouillon brûlant. Laisser infuser 3 minutes. Ajouter herbes fraîches, coriandre, menthe, basilic. Assaisonner de fleur de sel et moulin à poivre.

Citrons Entiers "Sel et Sucre"

Pour 6 citrons entiers non traités, prendre une grande casserole, y verser un litre d'eau, ajouter 360 gr de sel gris de mer et 50 gr de sucre. Ajouter les citrons. Poser sur feu très doux et laisser cuire pendant 4 à 5 heures. Conserver les citrons entiers dans un bocal en verre. Attendre une quinzaine de jours avant de les utiliser. Ces citrons doux confits au sel peuvent accompagner les poissons, les légumes mijotés ou la viande braisée.

Nicolas Le Bec cuisinier

Les Maquereaux ou Poissons Bleus Grillés au Feu de Bois et Beurre de Câpres

Pour 4 personnes

Prendre 8 beaux Maquereaux bien brillants et non vidés d'environ 300 gr chacun. Chez vous, ouvrir délicatement le ventre des poissons à l'aide d'un couteau ou d'une paire de ciseaux pour ne pas abîmer la peau bleue du poisson. Saler et poivrer l'intérieur. Vous pouvez aussi y mettre des herbes aromatiques, sarriette, thym, romarin, origan frais etc. Allumer votre feu de bois et attendre que les braises ne soient pas trop chaudes pour cuire doucement les poissons sans les faire brûler. La cuisson doit se faire en 12 minutes environ. La chair de maquereau ne sera pas sèche s'il n'y a pas d'agression de la flamme. Servir avec un beurre de câpre. Mixer 200 gr de beurre pommade avec une cuillère à soupe de fleur de sel, mignonnette de poivre «algues hachées», herbes fraîches et petits câpres, sa texture doit être crémeuse. Faire fondre votre beurre sur le poisson et servir avec des pommes de terre à l'eau.

Vin Conseillé : Chablis 1er Cru, Sechet 2004, Domaine V. Dauvissat. Ce vin est à votre disposition au restaurant.

Sorbet à la Japonaise

Pour 1 litre de sorbet

Verser 1 litre d'eau dans une casserole, ajouter 600 gr de sucre, un sachet de thé vert et 20 gr de thé vert en poudre (de Chine ou du Japon, comme on en trouve chez Cha Yuan). Ajouter un filet de jus de citron et porter à ébullition. Laisser bouillir pendant 15 minutes en remuant au fouet, puis passer le contenu de la casserole au chinois ou au tamis. Laisser refroidir. Verser la préparation dans une sorbetière et faire prendre en sorbet. Servir avec des tuiles ou des biscuits aux amandes, ou encore une sauce au cacao.

Nicolas Le Bec

Le Riz Crémeux Sauce Caramel Salé

Pour 6 personnes

Rincer à l'eau claire 500 gr de riz à grains ronds, le verser dans une casserole, puis couvrir largement d'eau et porter à ébullition. Egoutter le riz dans un chinois ou une passoire. Verser 1,2 litre de lait entier dans une cocotte à fond épais. Ajouter 180 gr de sucre semoule, 2 gousses de vanille de Tahiti fendues en deux, 1 zeste d'orange blanchi, 1 demi-bâton de cannelle et 150 gr de fruits secs préalablement gonflés dans du thé et égouttés (raisins, physalis, abricots). Verser le riz en pluie dans la cocotte, puis faire cuire sur feu doux en remuant toutes les 5 minutes. Compter environ 20 minutes de cuisson en tout. Retirer du feu et laisser refroidir. Retirer la cannelle, le zeste d'orange et les gousses de vanille. Pendant ce temps, fouetter 50 cl de crème fraîche en Chantilly, mais sans la sucrer. Incorporer la crème fouettée au riz au lait lorsqu'il est complètement refroidi. Verser le tout dans un saladier. Réserver au frais pendant 1 heure avant de servir le riz au lait. Préparer une sauce caramel : cuire 300 gr de sucre au caramel blond. Ajouter 2 dl de crème épaisse et 100 gr de beurre salé en dehors du feu. Remuer avec un fouet et servir tiède sur le riz froid.

Nicolas Le Bec cuisinier

Rillettes d'Anguille Fumée à l'Origan Frais

Pour quelques pots de rillettes.

Prévoir 2 anguilles fumées désarêtées. Les mettre dans une casserole avec 750 gr de beurre, quelques gousses d'ail et 3 brindilles de romarin. Laisser infuser pendant 2 heures à 40-50°C. Au bout de ces 2 heures, égoutter les poissons en conservant le mélange de cuisson, mais en retirant l'ail et le romarin. Mixer les poissons dans un "robot-cutter" en ajoutant le beurre fondu au fur et à mesure. Assaisonner avec 8 gr de sel fin, 5 gr de fleur de sel, 2 gr de poivre noir moulu, une pointe de quatre-épices et une pointe de fenouil en poudre par kilo de rillettes. Ajouter des feuilles d'origan ou marjolaine fraîches et servir dans les terrines.

Nicolas Le Bec cuisinier

Les Courgettes Fleurs et Chèvres Frais

Pour 4 personnes

Prendre 8 fleurs de courgettes «Mâle» sans courgette, retirer le pistil central. Eplucher au couteau 4 courgettes vertes en bandes épaisses. Saler, poivrer et badigeonner d'huile d'olive. Cuire à la vapeur pendant 10 minutes. Les égoutter fortement dans un torchon, les mixer en purée avec une pointe de cumin poudre, une pointe de fenouil poudre, quelques feuilles d'estragon, un petit morceau d'ail, de l'huile d'olive et un œuf de poule. Garnir cette farce dans les fleurs, à la poche et cuire 5 minutes à la vapeur. Servir chaud ou froid, accompagné de chèvre frais, de purée d'olives noires et de croûtons dorés à l'huile d'olive.

Nicolas Le Bec cuisinier

Tuiles Croquantes à l'Orange

Mélanger dans une terrine, dans l'ordre : 20 cl de jus d'orange, 300 gr de sucre en poudre, 2 cuillerées à soupe de miel de fleur d'oranger et 150 gr de farine. Incorporer 150 gr de beurre noisette (cuit dans une casserole jusqu'à coloration blonde). Mettre la terrine dans le réfrigérateur pendant 1 heure. Préchauffer le four à 175°C-180°C (thermostat 4). Etaler la pâte sur une tôle de cuisson à pâtisserie antiadhésive en formant des petits rectangles sur une mince épaisseur. Donner un tour de moulin à gros grains de poivre noir et mettre au four pendant 5 minutes. A la sortie du four, enrouler les tuiles une par une sur un crayon à papier jusqu'à refroidissement complet. Servir les tuiles seules ou avec une crème cacaotée.

Nicolas Le Bec cuisinier

La Mousse au Chocolat Noir de mon Ami Jacques

Pour 6 personnes

Faire fondre au bain-marie à feu doux 350 gr de chocolat noir à croquer. Casser 10 jaunes dans une bassine et monter en neige les 10 blancs. Incorporer dans un bol 3 cuillères d'œufs en neige dans les jaunes battus. Ajouter à ce mélange le chocolat fondu. Mélanger bien l'ensemble au fouet, puis mettre en une seule fois le reste des blancs. Fouetter énergiquement 4 à 5 tours de fouet et mettre dans un plat de service. Vous pouvez ajouter 1 tasse de café expresso pour développer l'arôme cacao.

Nicolas Le Bec cuisinier

Tartelettes aux Cerises Sabayon au Miel et Muscat

Pour 4 personnes

Préparer des fonds de tarte avec une pâte sucrée, les cuire à blanc pendant 12 minutes au four à 185°C, chaleur tournante. Prendre environ 200 gr de cerises dénoyautées, les cuire dans une poêle avec 50 gr de sucre, jusqu'à récupération d'un jus sirupeux de cerises. Dans une casserole, mettre 4 jaunes d'œufs, 2 cuillères de miel, 1 dl de Muscat et monter au fouet à feu doux, en sabayon. Garnir votre tartelette cuite avec vos cerises tièdes, sabayon mousseux et coulis de cerises en dessous. Ajouter à votre goût une boule de glace, amande amère, vanille ou pistache.

Vin Conseillé : Muscat de Beaumes de Venise 2004, Domaine des Bernardins. Ce vin est à votre disposition au restaurant.

Nicolas Le Bec cuisinier

Fruits et Foie Gras rôtis ensemble en Pomme

Pour 6 personnes

Prendre 3 pommes golden. Ne pas les peler, les laisser entières. Couper chacune d'elles en quatre disques épais. Les poêler au beurre sur les deux faces. Saler et poivrer légèrement. Les passer ensuite pendant 5 minutes au four. Tailler les tranches de foie gras de canard bien frais. Les poêler à sec dans une poêle antiadhésive. Saler et poivrer. Ajouter une pincée de cardamome, égoutter sur du papier absorbant. Confectionner un mille-feuille en superposant un disque de pomme, une tranche de foie gras, etc., jusqu'à épuisement des ingrédients. Emballer chaque mille-feuille dans du papier film. Fermer celui-ci de manière à reconstituer la pomme. Mettre au froid pendant 4 à 5 heures. Servir avec du pain rustique grillé et un verre de cidre fermier demi-sec.

Nicolas Le Bec cuisinier

Anchois Frais en Filet

Prévoir de beaux anchois frais, bien brillants, bien bleus. Les vider sans les abîmer. Préparer des braises assez douces. Saler à la fleur de sel. Ajouter de la coriandre en graines moulues et une goutte d'huile d'olive. Mettre sur le gril et compter quelques minutes de cuisson. Servir les anchois rosés à cœur avec une noisette de beurre salé.

Nicolas Le Bec

La Truffe de Canard Cuite dans la Cendre

Pour 4 personnes

Prendre 2 filets de canard, retirer la peau et les couper en petits morceaux. Ajouter la moitié de son poids en barde de cochon. Saler, poivrer et ajouter 3 baies de genièvre, 1 feuille de laurier, 1 dl de porto, 2 échalotes coupées et tomber au beurre les morceaux de truffes noires, environ 10 gr. Passer le tout au hachoir, grille fine. Envelopper 4 truffes de 40 gr de farce de canard pour en faire une boule. Envelopper celle-ci d'une feuille de chou cuite, puis recouvrir l'ensemble d'un papier film. Préparer une pâte à cendre avec 200 gr de farine, 3 blancs d'œufs, 1 cuillère d'encre de sèche, 20 gr de sel de mer, 20 gr de cendre en poudre, quelques gouttes d'eau. Mixer l'ensemble comme une pâte à pain. L'étaler, ajouter la boule de papier film et refermer à l'aide de blanc d'œuf en chausson. Cuire à four chaud pendant 15 minutes à 210°C. Servir avec un jus de canard et une salade verte.

Vin conseillé : Faugères «Réserve de la Bastide» 2000, Domaine Alquier. Ce vin est à votre disposition au restaurant.

Nicolas Le Bec cuisinier

Les Ravioles de Légumes et Saint-Jacques Pochées vinaigrette au Miel d'Acacia

Pour 6 personnes

Tailler des lamelles de 2 carottes et 1 navet long en fines tranches. Les mettre à cuire 10 secondes dans une eau bouillante et salée ; puis refroidir dans de l'eau froide et égoutter. Dans le bol mixeur, mélanger 2 cuillères à soupe de miel d'acacia, 2 cuillères à soupe d'huile de noisette, 2 cuillères de pépins de raisin, 1 petit morceau de truffe (facultatif), 3 cuillères de vinaigre de Xérès, sel et poivre. Disposer les lamelles de légumes en les chevauchant : 2 lamelles de navet, 2 lamelles de carotte. En préparer 8 identiques. Au moment de servir, pocher les Saint-Jacques 10 secondes dans un court bouillon salé. Entre deux couches de légumes, garnir de Saint-Jacques et d'herbes fraîches. Badigeonner l'ensemble de vinaigrette au miel. Plat idéal pour le printemps avec les nouveaux légumes et la fin des Saint-Jacques. Vin conseillé : Châteauneuf du Pape 2003, Domaine Clos des Papes. Ce vin est à votre disposition au restaurant.

Nicolas Le Bec cuisinier

Technique de ***Poisson au Sel***

Pour 4 personnes

Technique pour cuire le poisson à la vapeur ou en papillote pour raffermir sa chair et la rendre moins cotonneuse. Demander au poissonnier de lever les filets de cabillaud bien épais. Le recouvrir complètement de gros sel de mer et le mettre au frais pendant 30 minutes en le posant sur une grille pour qu'il s'égoutte. Le rincer à l'eau claire, le sécher avec un torchon, puis retirer les arêtes. Le détailler en darnes ou en tronçons avant de le passer dans un cuit-vapeur pendant quelques minutes. Servir au naturel avec quelques gouttes de jus de citron, un filet d'huile d'olive, un tour de moulin à poivre et quelques grains de fleur de sel. Simple et léger, un vrai régal.

Bonbon au Caramel Café

Faire chauffer 1 litre de crème liquide avec une cuillerée à soupe de chicorée "Leroux" et 80 gr d'extrait concentré café, 1,5 kg de beurre doux, une pincée de poudre de réglisse, faire infuser. Cuire dans une bassine à confiture 400 gr de glucose et 1,8 kg de sucre à sec. Faire atteindre 145°C à feu doux, décuire ensuite avec l'infusion café. Recuire à 118°C en mélangeant bien. Couler dans un moule ou cadre. À froid, couper en petits cubes ou en bandes. À manger du bout des doigts.

Nicolas Le Bec

Risotto Nero aux Palourdes Grises

Pour 6 personnes

Gratter et brosser 1 kilo de moules. Faire chauffer 2 cuillerées à soupe d'huile dans une cocotte, ajouter 2 échalotes émincées, 1 feuille de laurier, les moules et 50 cl de vin blanc sec. Faire cuire à couvert sur feu doux (pour éviter l'évaporation du jus) pendant 10 minutes. Passer le jus au chinois. Réserver. Faire par ailleurs chauffer dans une casserole 3 cuillerées à soupe d'huile d'olive et 2 échalotes ciselées. Ajouter 300 gr de riz italien spécial pour risotto (Arborio) et 1 pincée de gros sel de mer. Remuer avec une cuillère en bois pour enrober les grains de riz de matière grasse, puis verser le jus des moules marinières à hauteur du riz. Laisser le riz absorber le jus, puis rajouter le reste du jus des moules, afin de cuire complètement le riz. Compter environ 18 minutes en tout. Incorporer 100 gr de parmesan râpé, 40 gr de beurre en pommade et 3 cuillerées à soupe d'encre de seiches. Lier le tout en remuant avec une cuillère en bois. Au dernier moment, faire ouvrir dans une casserole sur feu vif à couvert quelques coquillages (palourdes, coques, etc.). Les décoquiller et les laisser au naturel ; les disposer sur le risotto nero et servir. Récupérer éventuellement les moules utilisées pour le jus de la marinière après les avoir décortiquées.

Nicolas Le Bec cuisinier

Le Râble de Lapereau en Feuilles de Tabac, Jus de Moutarde Jaune et Jeunes Cébettes

Pour 4 personnes

Prendre 2 râbles de beaux lapins, les désosser par le dos sans couper la petite peau du ventre «Panoufle» et réserver. Couper 3 blancs de poireaux en petits morceaux, les laver, égoutter et mettre à cuire dans un sautoir avec une noix de beurre, sel, poivre, gingembre en poudre pendant 10 minutes à feu doux. Egoutter après cuisson, ajouter 1/2 cuillère à soupe de graines de sésame frit, 1/2 cuillère de moutarde à l'ancienne, ainsi qu'une cuillère d'estragon haché. Reprendre les 4 morceaux de lapins, les envelopper d'une crépine et les ficeler comme un rôti. Faire rôtir dans une poêle à feu doux avec de l'huile d'olive pendant 10 minutes. Rouler dans une feuille de tabac, de figuier ou de vigne et mettre au four à 170°C pendant 5 minutes. Servir avec un jus de lapin émulsionné à la moutarde jaune et des petites cébettes pochées à la minute à l'eau.

Vin conseillé : Moulin à Vent 2003, Domaine O. Merlin. Ce vin est à votre disposition au restaurant.

Pinces de Crabe épicées

Pour 6 personnes

Acheter des pinces de tourteau fraîches chez le poisonnier ou des pattes de crabes surgelées dans un magasin de produits asiatiques. Compter 6 à 8 pièces par personne. A l'aide d'un couteau épais ou d'un petit marteau, casser la carapace, mais sans la détacher de la chair. Hacher au couteau 1 oignon rouge, 3 gousses d'ail, 1 petit morceau de gingembre frais, 2 piments rouges (doux ou forts selon le goût). Faire chauffer dans une poêle 10 cl d'huile d'arachide. Quand elle est bien chaude, y mettre les pattes de crabes et les faire dorer. Incorporer 3 branches de romarin et remuer régulièrement pendant 8 à 10 minutes. Saler et poivrer, puis ajouter tous les éléments hachés et un peu de piment d'Espelette en poudre. Faire revenir pendant quelques instants. On peut ajouter en fin de cuisson un peu de jus de lapin, des cacahuètes ou des noisettes grillées et hachées, ainsi que des herbes fraîches au goût prononcé ou encore un filet de jus de citron.

Nicolas Le Bec cuisinier

Coquilles Saint-Jacques Grillées
Bouillon de Corail et Chou-Fleur en Condiment

Pour 4 personnes

Prendre un 1/2 chou-fleur et le tailler en petite sommité. Préparer un bouillon composé de 40 % d'eau et 60 % de vinaigre blanc, feuilles de laurier, poudre de curcuma, sel de mer et grains de coriandre. Cuire le chou-fleur pendant 5 minutes et laisser refroidir complètement dans le jus. Avec 2 cl de fumet de poisson chaud, ajouter 1 gousse d'ail, 3 cuillerées à soupe d'huile d'olive, un jus de citron, sel, poivre. Mixer et lier avec 100 gr de beurre, corail de homard ou d'oursin. Griller les Saint-Jacques, 3 à 4 par personne et napper de sauce, de choux-fleurs jaunes, de quelques pluches d'aneths et grains de petits câpres. Servir dans un bol à bouillon.

Vin conseillé : Riesling Grand Cru «Henriette» 2000, Domaine F. Mochel. Ce vin est à votre disposition au restaurant.

Nicolas Le Bec cuisinier

Rhubarbe Rose Acidulée

Choisir 5 belles tiges de rhubarbe rose. Couper les extrémités. Laisser les tiges entières. Verser 1 litre d'eau dans un plat creux et long, ajouter 500 gr de sucre en poudre et 30 gr de gros sel de mer. Mélanger et faire chauffer. Ranger les tiges de rhubarbe dans le plat et porter à ébullition. Compter 3 minutes à peine de cuisson à petit bouillon. Puis retirer du feu et laisser reposer dans le sirop pendant 20 minutes. Egoutter les tiges de rhubarbe et les couper en morceaux. Les servir comme accompagnement avec des tranches de foie gras poêlées, des filets de poisson à la vapeur ou un canard laqué à l'aigre-doux.

Nicolas Le Bec

Cébettes condiment au Vinaigre de Betterave

Choisir pour cette recette des cébettes, jeunes oignons dépourvus de bulbe, typiques du Midi. Réunir dans une casserole 50 cl de vinaigre de vin rouge, 2 feuilles de laurier, 4 baies de poivre noir et 20 cl de jus de betterave rouge. Ajouter 30 cl d'eau. Parer les cébettes, les laisser entières. Couper simplement les racines. Porter la marinade à ébullition et ajouter les cébettes. Faire frémir pendant 10 minutes à feu doux, puis laisser refroidir. Les cébettes marinées, égouttées peuvent accompagner, chaudes, une viande blanche ou rouge. Froides, elles serviront de condiment avec une terrine de volaille ou de gibier.

Nicolas Le Bec cuisinier

Joues de Morue à l'Ail

Pour 6 personnes

Commander 12 joues de morue chez le poissonnier et lui demander de les nettoyer. Les faire mariner pendant 2 à 5 heures dans du lait avec 20 lamelles d'ail. Envelopper dans une feuille de papier aluminium 6 têtes d'ail avec leurs tiges et les faire cuire au four en papillote à 150°C (thermostat 3) pendant une heure. Egoutter et sécher les joues de morue ou lotte. Faire chauffer une poêle antiadhésive avec 10 cl d'huile d'arachide et 30 gr de beurre. Disposer les joues de morue dans la poêle bien chaude, saler, poivrer et faire colorer rapidement. Ajouter 1 cuillerée à café de gingembre frais râpé, 2 gousses d'ail hachées et une poignée de persil plat équeuté et ciselé. Sortir les têtes d'ail du four et piquer les joues de morue deux par deux sur chaque tige d'ail. Déguster en récupérant l'ail confit des gousses pour en tartiner les joues de morue.

Nicolas Le Bec cuisinier

Le Chevreuil Rôti aux Figues Noires

Pour 4 personnes

Prendre 800 gr de dos de filet de chevreuil sans os, chez votre boucher. Lui demander de retirer les parties nerveuses. Eclater 10 baies de genièvre, les mélanger avec 2 feuilles de laurier et de l'huile d'olive et mettre à mariner le chevreuil pendant 1 à 2 heures. Dans une casserole couper 12 belles figues noires et les faire compoter avec une goutte de vinaigre pendant 1 heure à feu doux. Faire dorer dans une poêle votre filet de chevreuil à feu vif, poivrer et cuire 2 minutes de chaque côté. Mettre à reposer pendant 15 minutes. Au moment de servir, réchauffer le chevreuil dans la poêle pendant 2 minutes encore, accompagné de la fondue de figues et servir avec une sauce gibier liée à la crème de cassis. Le céleri rave, le potiron, les marrons, les coings sont des accords parfaits avec le gibier.

Vin conseillé : Minervois «le Bois des Merveilles» 2002, Domaine Jean Baptiste Senat. Ce vin est à votre disposition au restaurant.

Pommes de Terre
en cocotte au Lait Fumé

Pour 6 personnes

Dans une casserole à fond épais ou une cocotte en fonte, faire chauffer du charbon de bois à un quart de la hauteur de la casserole en allumant le brûleur sous le récipient. Quand la fumée apparaît, verser du lait dans une petite casserole et placer celle-ci dans la cocotte. Fermer et laisser chauffer pendant 30 minutes. Par ailleurs, faire cuire au four 6 grosses pommes de terre : les ranger sur un lit de gros sel et compter 45 minutes de cuisson à 160°C (thermostat 6). A la sortie du four, couper les pommes de terre en deux. Ajouter dans le lait fumé tiède, 2 cuillerées à soupe de crème épaisse, donner un tour de moulin à poivre et saler, puis émulsionner au mixeur (ou placer le mélange dans un siphon à crème Chantilly pour en faire une mousse fumée crémeuse). Napper les pommes de terre de cette crème fumée.

Nicolas Le Bec cuisinier

Les Morilles Brunes et Tartelettes de Sarrasin

Pour 4 personnes

Prendre 12 grosses morilles fraîches, couper les pieds et laver à l'eau claire l'intérieur des champignons pour en retirer tout le sable. Dans un bol mélangeur, travailler 175 gr de farine blanche, 75 gr de farine Sarrasin, 1 pincée de sel, 2 œufs, 20 gr de beurre fondu, 20 gr d'huile de noisettes. Mettre au repos au réfrigérateur 15 minutes avant d'étaler la pâte très fine, mouler les petits fonds de tartelettes. Mettre au four pour les cuire, température à 180°C, pendant 6 à 7 minutes, en prenant soin de placer un deuxième moule similaire pour éviter un gonflement de la pâte. Faire sauter les morilles dans une poêle avec une noix de beurre. Déglacer avec un vin sec de Xérès. Ajouter une cuillère de crème épaisse, du sel et du poivre du moulin. Servir dans les tartelettes avec le jus de cuisson réduit, échalotes hachées fraîches et pousses de roquette.

Vin conseillé : Bourgogne Hautes Côtes de Beaune Jayer Gilles. Ce vin est à votre disposition au restaurant.

Nicolas Le Bec cuisinier

Sardines à l'Huile d'Agrumes

Pour 6 personnes

Choisir 1 kg de petites sardines entières. Retirer la tête et les entrailles, puis gratter légèrement la peau pour retirer les petites écailles. Mettre les sardines sur une grille et saler au gros sel, en ajoutant quelques graines de fenouil et de coriandre, des grains de poivre noir et des baies de genièvre pour parfumer. Laisser dégorger les sardines pendant 3 heures. Les rincer ensuite à l'eau claire, puis les éponger. Les faire frire ensuite dans un bain d'huile d'arachide à 130°C pendant 3 à 5 minutes selon leur taille. Les égoutter sur du papier absorbant. Préparer une marinade en mélangeant 30 cl d'huile d'arachide ou d'olive, le zeste râpé de 2 oranges, un petit morceau de gingembre frais finement haché, le jus d'un citron, sel et poivre du moulin. Disposer les sardines dans un plat creux. Les arroser avec la marinade et les conserver au frais pendant une semaine sans les consommer. Plus les sardines restent dans l'huile aromatisée, plus elles deviennent tendres.

Nicolas Le Bec cuisinier

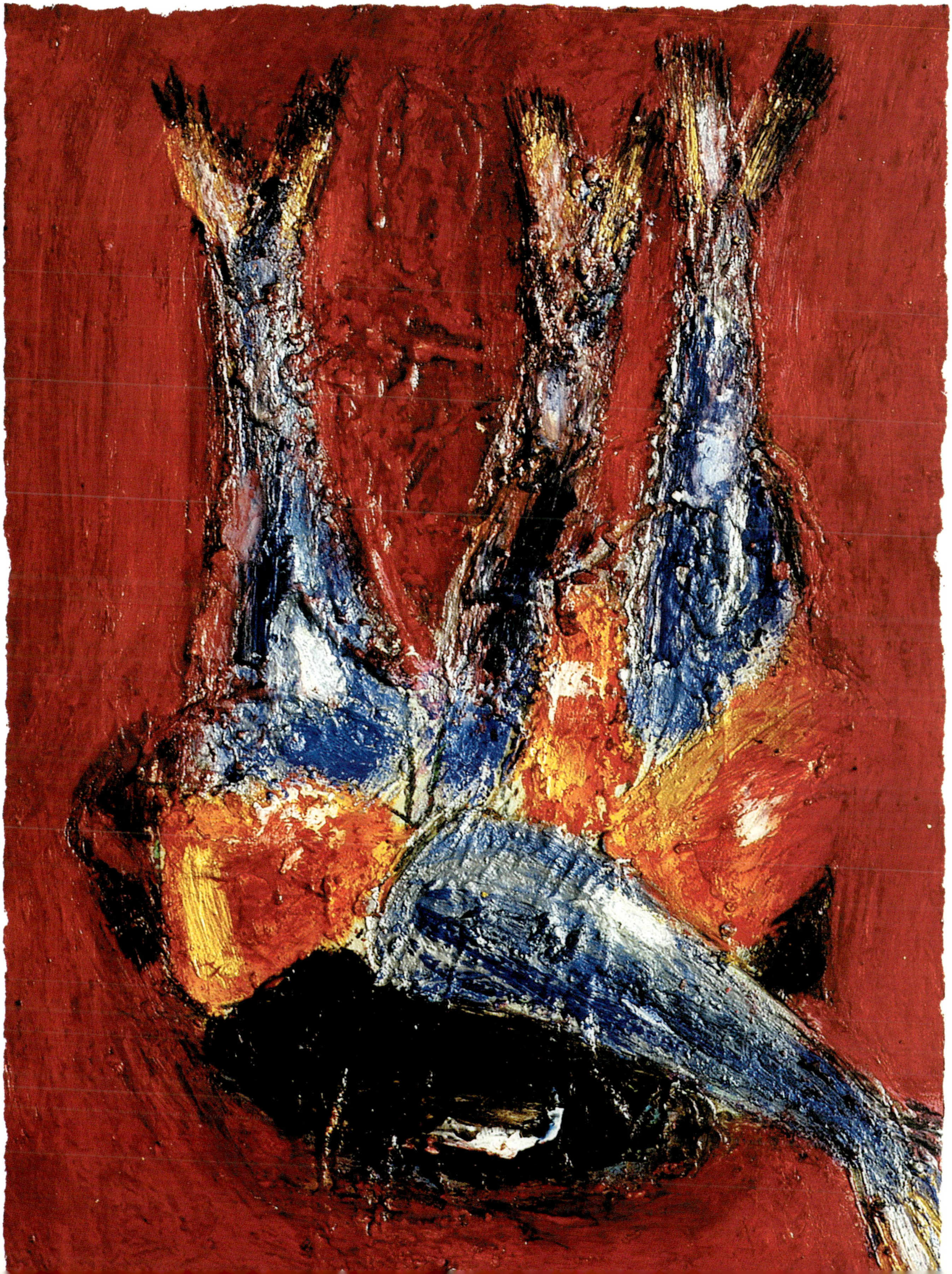

Pétoncles Cuits au Four Potiron Velouté et Crème d'Echalotes

Pour 4 personnes

Prendre 1 kg de chair de potiron bien orange, couper la peau extérieure et tailler en gros cubes toute la chair. Dans une casserole, mettre un peu d'huile d'olive, ajouter les morceaux de potiron, le sel de mer, 1 dl de vin blanc et couvrir d'eau froide jusqu'à hauteur des légumes. Cuire pendant 40 minutes à couvert sur un feu doux. Laver 20 pétoncles à l'eau claire. A l'aide d'une lame de couteau, ouvrir les pétoncles en détachant la noix du couvercle. Retirer toutes les parties entourant le pétoncle. Mixer la soupe à l'aide d'un mixeur en y ajoutant un peu de jus de moule, du sel et du poivre blanc. Lui donner une texture fluide. Poser les pétoncles sur une plaque en tôle, mettre une noix de beurre demi-sel et cuire 2 minutes à 220°C. Ajouter dès la sortie du four, la soupe de potiron, une pointe de crème fraîche et une échalote cuite au vinaigre.

Vin conseillé : Bourgogne Blanc Hautes Côtes de Nuits, Clos St Philibert (Monopole), Domaine Méo Camuzet. Ce vin est à votre disposition au Restaurant.

Nicolas Le Bec cuisinier

Aubergine Entière en "Caviar"

Pour 6 personnes

Prévoir 12 aubergines, ménager dans chacune d'elles cinq ou six trous. Piquer dedans une lamelle d'ail et un demi-filet d'anchois. Faire cuire les aubergines dans une poêle pendant 30 minutes avec une goutte d'huile d'olive, du sel et du poivre. On peut aussi les faire cuire dans la cheminée ou les faire griller. Dans une grande casserole à fond épais, faire chauffer du charbon de bois sur un quart de hauteur. Lorsque la braise est chaude, la parsemer de sciure de bois. Poser les aubergines cuites dessus, couvrir, laisser reposer pendant 30 minutes pour les fumer. Après la cuisson, gratter toute la chair des aubergines, la passer au mixer ou la hacher au couteau. Saler et poivrer, incorporer du persil plat ciselé et un filet d'huile d'olive.

Nicolas Le Bec cuisinier

Bouillon d'Ail des Ours

Pour 6 personnes

Couper 30 feuilles d'ail des ours. Verser 20 cl de fond blanc ou de fumet de poisson dans une casserole, ajouter les feuilles et faire chauffer, puis mixer en incorporant 60 gr de beurre, du sel, du poivre et 1 filet de jus de citron passé au tamis. Servir cette sauce en l'émulsionnant avec un petit mixer, pour accompagner une viande blanche pochée ou un poisson à la vapeur.

Nicolas Le Bec cuisinier

Cèpes Rôtis aux Cocos de Paimpol

Pour 4 personnes

Prendre 1 kg de cocos frais, les écosser, les placer dans une casserole à fond épais, ajouter de l'eau froide à 2 doigts au-dessus du niveau des cocos, du gros sel de mer, 1 blanc de poireau, 1 carotte, 1 bouquet garni, 2 gousses d'ail, 3 baies de genièvre. Mettre à cuire tout doucement pendant environ 1 heure. Gratter le pied de 8 beaux Cèpes Bouchon, les laver à l'aide d'un chiffon humide et les mettre dans une poêle avec une goutte d'huile de noisette et les faire rôtir avec une brindille de thym pendant 10 minutes. Egoutter les haricots cocos en conservant le jus de cuisson. Les mettre dans un mixeur à soupe avec de la crème liquide et moitié de jus de cuisson. Lui donner une texture veloutée, assaisonner si besoin, sel et poivre blanc. Servir cette soupe, froide ou chaude, dans une assiette creuse et poser les Cèpes rôtis dessus. Servir avec pousses de salade, copeaux de jambon cru et morceaux de pain grillé à l'huile d'olive.

Vin conseillé : Mâcon Villages 2000 Domaine de la Bongran (Jean Thevenet). Ce vin est à votre disposition au restaurant.

L'amertume du Pamplemousse

Remplir d'eau un grand faitout, porter à ébullition et plonger dedans 4 pamplemousses roses. Les faire blanchir pendant quelques instants, puis les égoutter. Répéter l'opération trois fois de suite, en changeant l'eau à chaque fois. Piquer chaque pamplemousse avec une aiguille à brider en une dizaine d'endroits. Les faire cuire ensuite dans une grande casserole avec 2 litres d'eau et 1,4 kg de sucre en poudre pendant environ 8 heures sur feu très très doux. (On peut aussi procéder à une cuisson sous-vide avec un sirop à 27°, pendant 6 heures, au four à vapeur). Egoutter les pamplemousses confits et les conserver entiers au frais. Les déguster coupés en tranches épaisses, peau et pulpe. Ils escortent à merveille aussi bien des tranches de foie gras poêlées qu'un sorbet au lait d'amandes douces ou bien un gâteau au chocolat noir coulant.

Nicolas Le Bec cuisinier

Truffes Noires "Croque au sel"

Préparer une pâte en mélangeant 600 gr de farine, 30 cl d'eau et 10 gr de fleur de sel. Lorsqu'elle est homogène, l'étaler au rouleau et découper dedans des petits disques assez grands pour envelopper des truffes de 30 gr. Façonner pour chaque truffe une enveloppe de pâte en forme de boule. Les badigeonner une par une de blanc d'œuf. Les rouler dans de la cendre fine, froide, puis les ranger sur la tôle du four et les faire cuire pendant une heure à 120°C (thermostat 1). Couper la coque de cendre en deux et déguster la truffe à la croque au sel avec de jeunes pousses de salade à la vinaigrette.

Nicolas Le Bec cuisinier

Artichauts "Petits Bouquets" Bouillon de Verveine Fraîche

Pour 4 personnes

Prendre 12 petits artichauts dit «Violet, bouquet, épineux, barigoule...» avec la tige si possible. A l'aide d'un couteau d'office, prenez un artichaut dans votre main, couper la queue en conservant 5 cm, tourner l'artichaut en l'effeuillant complètement. Conservez-le dans de l'eau froide citronnée. Dans une cocotte en fonte faire chauffer 1 dl d'huile d'olive, jeter une gousse d'ail, des grains de fenouils, sel et poivre. Ajouter les artichauts et une échalote coupée, faire revenir sans coloration 5 minutes puis mouiller à hauteur avec du bouillon de poule ou de blanquette et cuire à feu doux pendant 15 minutes. Récupérer 1dl de bouillon de cuisson et faire infuser 1 botte de verveine pendant 15 minutes. Passer au chinois et mixer avec 30 gr de beurre, 1 jus de citron, sel et poivre. Napper sur vos artichauts.

Vin conseillé : Côtes du Rhône Coudoulet de Beaucastel 2004. Ce vin est à votre disposition au restaurant.

Nicolas Le Bec cuisinier

Gourmandises d'Amour

Choisir, à la pleine saison des pêches, 4 belles pêches jaunes bien mûres, mais encore un peu fermes sous le doigt. Les laver, puis bien les égoutter et les sécher. Verser 300 gr de sucre semoule dans une grande casserole à fond épais, ajouter 10 cl d'eau et porter en cuisson. Laisser cuire jusqu'au stade du caramel blond . On peut éventuellement ajouter dans le caramel quelques gouttes de colorant rouge de pâtissier. Piquer chaque pêche au bout d'un bâtonnet en bois et les tremper au fur et à mesure dans le caramel en les enrobant sur toutes les faces. Laisser ensuite refroidir les pêches sur une plaque légèrement huilée. Attendre simplement 5 minutes avant de les déguster.

Nicolas Le Bec

Homard Breton Rôti Châtaignes Entières, Bouillon Jaune Curry

Pour 4 personnes

Prendre 4 homards de 500 à 600 gr chacun. Mettre de l'eau, salée au sel de mer, à bouillir et plongez-y 1 minute les homards pour les tuer et de façon à garder toute leur texture et le goût iodé. Dans un plat, poser les homards entiers égouttés, avec 24 marrons épluchés, 2 feuilles de laurier et un filet d'huile de noisette et mettre au four 10 minutes à 200°C. Dans 2 dl de fumet de poisson, râper une racine de curcuma frais ou en poudre. Puis ajouter 1 pincée de curry, 20 gr de beurre, des gouttes d'huile d'olive vierge, des gousses d'ail, du sel et du poivre. Mixer l'ensemble et passer au chinois. Casser la carapace des homards, napper de sauce jaune curry accompagnée de marrons. Déguster avec quelques pommes Granny râpées en lamelles, pour donner de la fraîcheur. Vin conseillé : Riesling «St-Hyppolite» 2000, Domaine Marcel Deiss. Ce vin est à votre disposition au restaurant.

Nicolas Le Bec cuisinier

Jus de Pommes Vertes en Gelée

Passer à la centrifugeuse plusieurs pommes vertes Granny Smith de manière à en obtenir 1 litre. Verser ce jus de pomme dans une casserole et le faire chauffer sans le laisser bouillir. Ajouter 100 gr de sucre en poudre ainsi que 100 gr de pectine de pomme. Mélanger pour bien lier. Laisser cuire sans ébullition pendant 1 minute, puis laisser refroidir er réserver à température ambiante. Servir cette gelée de pommes vertes sur des fraises fraîches, avec du fromage blanc ou du yaourt, sur une tarte aux pommes ou pour napper une crème glacée à la vanille.

Nicolas Le Bec cuisinier

L'incontournable *Côte de Bœuf*

Il s'agit d'un plat simple, une "Côte de bœuf". Mais une bonne côte de bœuf inoubliable est déjà plus rare. Le premier coup de pouce, est d'avoir l'œil sur le grain de la viande. Texture rouge foncé, pigmentation de graisse blanche appelée "le persillé". La viande doit être taillée dans le "train de côtes" de bœuf "5 côtes" et maturée au froid sur l'os "vieillissement de la viande" pour l'attendrir et concentrer le goût par évaporation de l'humidité du morceau. Pour la cuisson, la meilleure est la braise de cep de vigne pour avoir une cuisson chaude mais douce. Il est obligatoire de saisir fortement tous les côtés de la côte dans une poêle antiadhésive très chaude pour créer une couche dorée, avant de mettre en cuisson au four, grill, broche... Cette méthode conservera tout le goût et le jus de la viande au moment de la coupe. L'assaisonnement doit être simple lui aussi, fleur de sel, poivre noir du moulin à mettre dès le départ. Par contre, ne jamais laisser un morceau de viande rouge cru avec du sel dessus sans la cuire immédiatement. Le temps de cuisson pour 1,2 kg de viande est de 5 minutes de chaque côté pour une cuisson saignante à la poêle à feu moyen. Au barbecue il faut 7 minutes de chaque côté avec des braises moyennement chaudes et au four, la cuisson est de 12 minutes à 200°C. Une fois cuite, toujours marquer un temps de repos de 10 minutes minimum avant de couper la viande. Quelques bonnes frites "maison", une bonne béarnaise et la simplicité se retrouve en fête.

Nicolas Le Bec cuisinier

TABLE DES RECETTES

POISSONS

VIANDES

ŒUFS

CONDIMENTS

LEGUMES

DESSERTS

QUI EST DOCTEUR CLOWN
ET POURQUOI SOUTENIR CETTE ASSOCIATION ?

docteur CLOWN

Indépendante et régionale, créée en 1995 à Lyon, l'association docteur Clown est une structure permanente qui apporte aux enfants hospitalisés, rires, couleurs, magie, contes et musique.
Magiciens, conteuses, clowns musiciens...
tous professionnels et intermittents du spectacle, interviennent régulièrement dans les services de Pédiatrie de Lyon (Hôpital Edouard-Herriot, Centre Hospitalier Lyon Sud, Hôpital Neurologique et Cardiologique, Hôpital Debrousse, Hôpital St Luc - St Joseph, Centre Léon Bérard, Centre des Petites Massues), Centre Hospitalier de Villefranche sur Saône, Centre Romans Ferrari (01), Hôpital Nord St Etienne et Hôpital Fleyriat à Bourg en Bresse.
Les services accueillent les clowns une à quatre fois par mois, à la demande des médecins et des soignants.
Leur humour éveille l'imaginaire des enfants, qui sont tour à tour spectateurs et acteurs.
Chaque enfant devient le centre d'un cirque invisible.
"Pour tous et pour un moment, l'effet du mal semble être mis entre parenthèses" (l'enfant éternel : Philippe Forest).
Les interventions ne sont jamais à la charge des hôpitaux mais entièrement prises en charge par l'association.
Les fonds nécessaires au bon fonctionnement sont recueillis par les cotisations des adhérents, des dons de particuliers et d'entreprises, d'organismes privés ou publics, de manifestations nombreuses organisées pour ou par l'association.
S'il est parfois difficile de faire sourire un enfant, il est également difficile à l'association de refuser d'intervenir faute de moyens financiers.
Sachant que plus de 22 000 enfants sont hospitalisés par an uniquement aux Hospices Civils de Lyon, vous avez une idée de l'ampleur de notre travail.
N'hésitez pas à nous aider, il serait souhaitable que les clowns puissent proposer leurs visites à un nombre d'enfants de plus en plus important.
L'association emploie 11 clowns recrutés avec beaucoup de sérieux. Un contrat est établi rigoureusement pour chacun ; ils doivent respecter les règles d'hygiène très strictes, sont tenus au secret professionnel et ne doivent en aucun cas gêner le travail des médecins et des soignants. Patience, disponibilité, écoute, tendresse sont les qualités requises. L'équipe très soudée et stable (très peu de changements depuis sa création en 1995) bénéficie d'un suivi mensuel avec les responsables de l'association afin d'établir les plannings et discuter des interventions dans les services. Régulièrement, des formations sont proposées afin d'aider les intervenants dans leur démarche auprès des enfants malades.
Si "docteur Clown" a déjà ému et passionné de nombreux partenaires : entreprises, banques, associations, clubs-service, institutionnels et particuliers, ces aides sont encore très insuffisantes pour poursuivre son action et pour satisfaire les demandes de plus en plus nombreuses.
Parrain et marraine :
L'association docteur Clown est parrainée par la comédienne Mimie Mathy et l'ancien footballeur et attaché à la direction du club de football de l'Olympique Lyonnais, Bernard Lacombe.

Association **docteur Clown**
Parc d'Activités West Park
21, avenue de l'Industrie - 69530 LYON - BRIGNAIS
téléphone 04 78 24 42 89 - fax 04 78 52 90 81
www.docteurclown.org

LES **ÉDITIONS STÉPHANE BACHÈS** TIENNENT À REMERCIER **TOUS LES ACTEURS**

IEMENTS